Leserabe

1. Lesestufe

Henriette Wich • Martin Klein
Cornelia Neudert

Witzige Monstergeschichten

Mit Bildern von Karsten Teich,
Kerstin Meyer und Betina Gotzen-Beek

Ravensburger

Bibliografische Information der Deutschen Nationalbibliothek:

Die Deutsche Nationalbibliothek verzeichnet diese Publikation
in der Deutschen Nationalbibliografie.
Detaillierte bibliografische Daten sind im Internet
über http://dnb.d-nb.de abrufbar.

1 3 5 4 2

Ravensburger Leserabe
Diese Ausgabe enthält die Bände
„Gespenstergeschichten“ von Henriette Wich
mit Illustrationen von Karsten Teich,
„Der kleine Dings und die Zeitmaschine“ von Martin Klein
mit Illustrationen von Kerstin Meyer,
„Monstergeschichten“ von Cee Neudert
mit Illustrationen von Betina Gotzen-Beek.

Umschlagbild: Matthias Derenbach
Konzept Leserätsel: Dr. Birgitta Reddig-Korn
Printed in Germany
ISBN 978-3-473-46228-5

ravensburger.com
www.leserabe.de

Inhalt

Henriette Wich

Gespenstergeschichten

Mit Bildern von Karsten Teich

Wer spuckt am besten?

„Heute üben wir Zielspucken“,
sagt Lehrer Beißer.
„Juchuuu!“,
kreischen Fritz und Otto.

Lehrer Beißer guckt sie scharf an:
„Beim Zielspucken kann man Dinge
wieder zusammenkleben.
Zum Beispiel zersplitterte Knochen."

Fritz und Otto rasseln begeistert
mit ihren Ketten.
Die haben sie miteinander verknotet,
weil sie am liebsten alles
gemeinsam machen.

Lehrer Beißer verteilt
lauter zersplitterte Knochen.
Fritz und Otto legen los.
Sie spucken auf ihre Knochen
und kichern und quatschen dabei.

„Ruhe, ihr zwei!“, ruft Lehrer Beißer.
Fritz und Otto versuchen wirklich,
leise zu sein.

Aber das Zielspucken ist viel zu lustig.

Plötzlich steht Lehrer Beißer vor ihnen.
„Jetzt reicht's! Auseinander mit euch!"

Und dann beißt er einfach den Knoten
ihrer Eisenketten durch.

Fritz und Otto schreien:
„Nein!“ – „Nicht!“
Aber es ist schon zu spät.

Lehrer Beißer grinst
und geht vor zur Tafel.

Otto und Fritz sehen sich entsetzt an.
Doch plötzlich leuchten Ottos Augen.
Er flüstert Fritz etwas zu.

Dann spucken beide gleichzeitig
auf die Enden ihrer Eisenketten.

Wie von Geisterhand
verschmelzen die Ketten miteinander.

„Treffer!", ruft Otto.
„Und ganz ohne Knoten!", ruft Fritz.

Lehrer Beißer sieht sich die Kette an.
„Gut gezielt“, murmelt er.

Fritz und Otto grinsen sich an.
Wetten, dass Lehrer Beißer sie
nie wieder auseinanderreißt?

Der Geburtstagsschreck

Heute hat Kuni Geburtstag.
Alles ist wie immer:
Überall hängen Spinnengirlanden.
Knallbunte Luftballons schweben durch die Wände.

Und Mama hat wieder
die riesige Schimmeltorte gebacken.
Nein! Es ist doch nicht alles wie immer.
„Wo ist Papa?“, fragt Kuni.

„Papa ist sicher gleich da“, sagt Mama.
„Er kommt heute
von seiner Spukreise zurück.“

Kuni seufzt.
Wenn Papa auf Spukreise ist,
vergisst er alles um sich herum.
Hat er etwa Kunis Geburtstag vergessen?

„Komm, wir essen schon mal Torte!“,
sagt Mama.

„Nein!“,
sagt Kuni.
Mama zwinkert Kuni zu.
„Dann schneide wenigstens die Torte an!“
„Na, gut“, sagt Kuni.

Plötzlich knallt es.
Tortenstücke fliegen durch die Luft.
Sahne klatscht Kuni ins Gesicht.

Kuni wischt die Sahne weg
und reißt die Augen auf.

Aus der Torte springt
ein grünes Gespenst.

„Papa!“, ruft Kuni.
„Alles Gute zum Geburtstag!“,
ruft Papa.

„Bist du bereit für eine Tortenschlacht?"
Sofort bewirft Kuni Papa mit Schimmel.

Papa wirft zurück
und Mama macht auch mit.
Bald sind alle grüne Schimmelgespenster
und schlecken sich gegenseitig ab.

Da sagt Papa:
„Auf der Insel Schreckenfels
machen die Gespenster das
übrigens immer am Geburtstag."
„Da will ich auch hin!", sagt Kuni.
Papa klopft Kuni auf die Schulter.
„Das nächste Mal nehme ich dich mit."

Helge, der große Heuler

Helge heult so richtig schaurig-schön.
Helge heult nicht nur um Mitternacht.
Helge heult auch am Morgen
und am Mittag und am Abend.

Die Tränen stürzen wie ein Wasserfall
aus seinen Augen.
Dann gibt es große Pfützen.

Die Burg steht schon einen Meter
unter Wasser.
Und das Wasser steigt und steigt.

Eines Tages sagt Papa:
„Jetzt ist Schluss mit Heulen!“
Und Mama sagt: „Sonst schwimmt uns noch unsere Burg davon.“

Helge ruft: „Ich will aber weiterheulen!“
„Ab jetzt darfst du nur noch draußen heulen“, sagt Papa.

Helge stürzt sich aus dem Fenster und landet in der Wiese vor der Burg.

Die Sonne scheint
und Helge heult und heult,
doch diesmal macht es ihm
überhaupt keinen Spaß.

Bald wird aus der Wiese ein Teich
und schließlich ein See.

Helge ist heiß.
Er springt in den See
und kühlt sich ab.

Plötzlich sind auch
die anderen Gespenster da.
„Hurra, ein Badesee!“,
ruft Cosimo.

Alle springen rein und planschen.
Als Letzte entdecken Mama und Papa den neuen See.

„Wo kommt denn der auf einmal her?", fragt Mama.
„Den hab ich hergeheult!", sagt Helge.
Mama lacht. „Das hast du toll gemacht!"

Und Papa fragt:
„Heulst du für uns doch wieder drinnen?
Im Keller? Dann haben wir im Herbst
ein super Hallenbad."
„Klar!", sagt Helge.

Spät, aber schaurig!

Trolli bastelt wahnsinnig gerne:
Glibberbälle und Schleimschnüre,
Schreckjojos und Spukautos.

Oft bastelt Trolli bis spät in die Nacht.
Und manchmal hört sie nicht mal,
wenn die Turmuhr zwölf schlägt.

Auch heute schreckt sie erst hoch,
als die Gespenster
an ihrem Fenster vorbeifliegen.

Schnell schnappt sie sich
ein paar Glibberbälle und saust los.

Trollis Freunde kichern und zeigen
mit ihren Knochenfingern auf sie.
„Trolli Trödlerin!“,
rufen Baldur, Ilse und Golo.

Trolli hält sich die Ohren zu
und fliegt auf die oberste Turmzinne.
Dort spukt sie mit den Glibberbällen.

Da läutet die Turmuhr einmal.
Mist! Die Geisterstunde ist
schon wieder vorbei.

Baldur, Ilse und Golo strecken Trolli die Zunge heraus.

„Na wartet!“, denkt Trolli.
„Euch werd ich’s zeigen!“

Am nächsten Tag schleicht sich Trolli ins Zimmer ihrer Freunde und stellt alle Wecker um eine Stunde vor.

Um elf statt um zwölf klingeln die Wecker.

Baldur, Ilse und Golo stehen auf
und fangen an zu spuken.
Als die Turmuhr zwölf schlägt,
bleiben sie mitten in der Luft stehen.

„Was ist los?“, fragt Trolli.
„Die Geisterstunde fängt an!“
Baldur stöhnt:
„Ich kann nicht mehr!“

„Ich auch nicht!“,
rufen Golo und Ilse.
„Aber ich kann noch!“, sagt Trolli.

Und dann legt sie richtig los:
mit Glibberbällen, Schleimfäden,
Schreckjojos und Spukautos.

Und Baldur, Ilse und Golo müssen
eine ganze Stunde lang zuschauen.

Martin Klein

Der kleine Dings und die Zeitmaschine

Mit Bildern von Kerstin Meyer

Das Geburtstagsgeschenk

Der kleine Dings aus dem All
hat Geburtstag.
Er wird 102 Jahre alt.
Eigentlich heißt er
MRWSXPRCTZ.
Aber das kann
kein Mensch lesen.

Stolz wackelt der kleine Dings
mit seinen drei Ohren.
Nun gehört er nicht mehr
zu den jüngsten Schulkindern
auf dem Planeten Dingsda.
Die sind nämlich erst 101.

Morgen in der Schule wird er
auf die Jahresnummern
der I-NRSWSXCDÖTZCHEN
zeigen.

Das heißt übersetzt:
SCHUL-ANFÄNGER.
Der kleine Dings
wird laut lachen
und rufen:

Das heißt übersetzt:
ÄTSCH-BÄTSCH!

Jetzt öffnet der kleine Dings
sein Geburtstagsgeschenk.
Was da wohl drin ist?
Ein Baukasten
für Sternschnuppen?

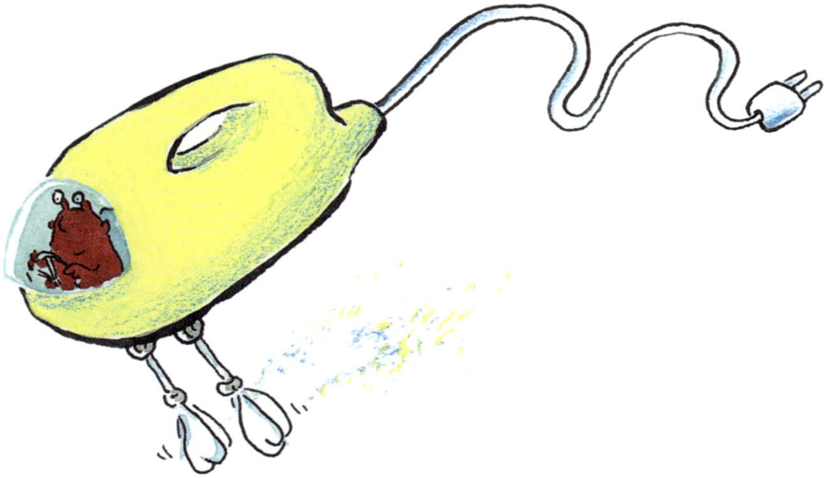

Ein Milchstraßen-Mixer?

Oder sogar
ein Riesen-Blaulicht
für sein Raumschiff?

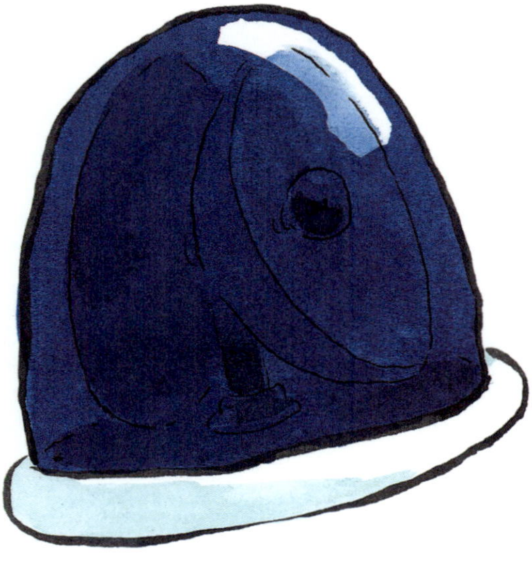

Nein!

Es ist eine Zeitmaschine!
Die hat sich der kleine Dings
immer so sehr gewünscht.
Jedenfalls bis
zum letzten Jahr.

Aber jetzt
hätte er lieber etwas
von den anderen
Sachen bekommen.

Was soll's.
Eine Zeitmaschine ist
besser als nichts.
Viel besser.

Zu einem Ausflug
in die Zeit
kann man sie jedenfalls
sehr gut gebrauchen.

Zukunft und Vergangenheit

Die Zeitmaschine wurde
extra für Kinder gebaut.
Sie reicht 10001 Jahre
in die Vergangenheit zurück.
In die Zukunft
kann man mit ihr aber nur
für eine halbe Sekunde reisen.
Und warum?

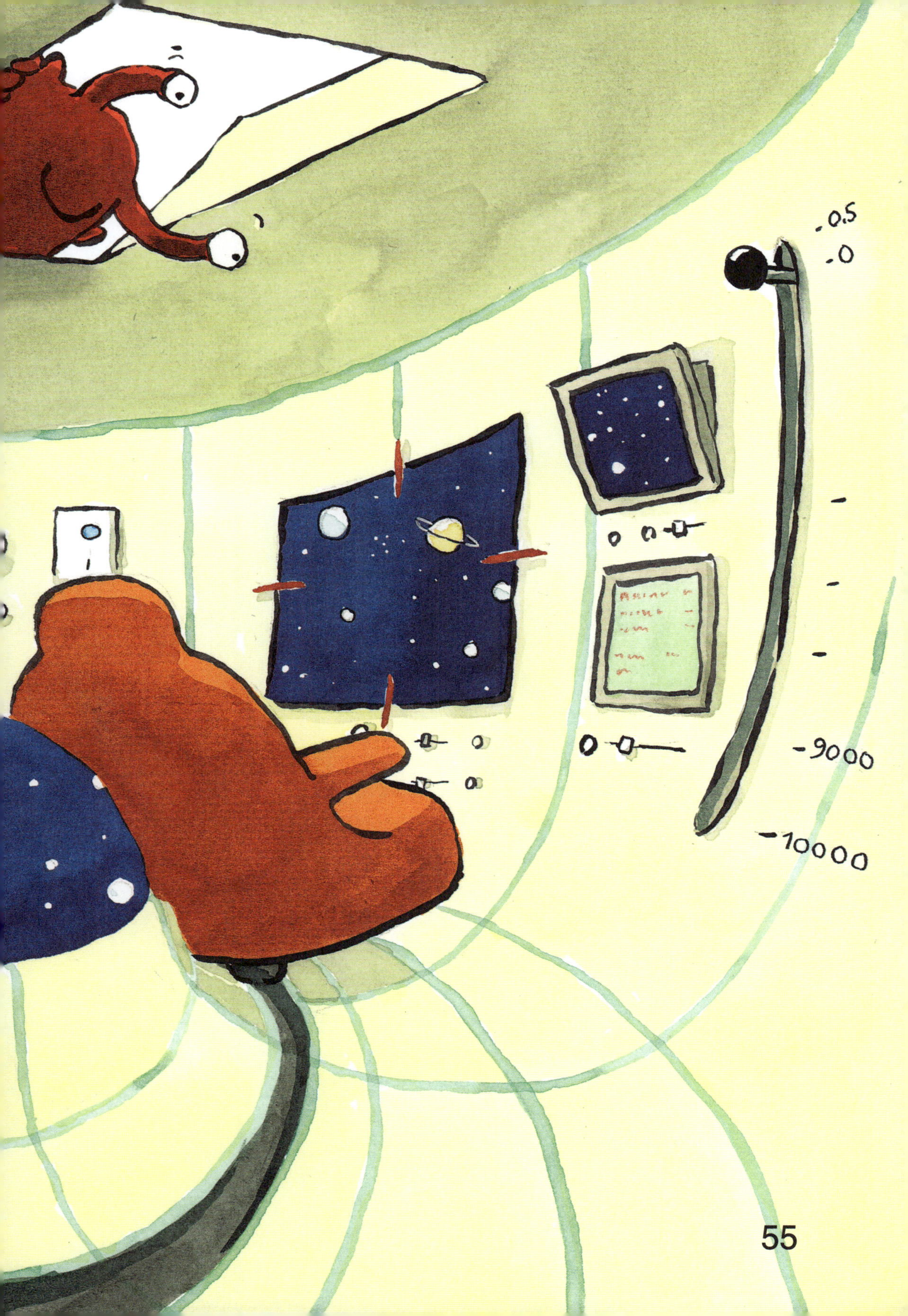
0.5
0
9000
10000

Damit die Kinder
in der Zukunft
keine Kaugummis
unter die Türklinken kleben.
In der Vergangenheit
stört das nicht.
Denn die Vergangenheit
ist schon vorbei.

Dort kann man alles machen,
was man will.
Wenn mal was kaputtgeht,
ist es egal.

Ich werde durch die Zeit
zur Erde reisen.
Zurück zu meinem
letzten Besuch dort.
Das beschließt
der kleine Dings.
Dort besuche ich
meinen Freund,
den Menschen.

Moment mal!
An wen denkt
der kleine Dings
denn da?
Ein Mensch ist das
wohl kaum.
Schon eher ein Dackel.
Den hat er
bei seinem ersten Ausflug
auf die Erde kennengelernt.
Diesen Irrtum
hat der kleine Dings
nicht bemerkt.
Aber was macht das schon.

Der kleine Dings hat
eine Idee.
Er denkt:
Ich werde genau
zur selben Zeit kommen
wie beim ersten Mal!

Mein Menschenfreund
wird sich
ganz schön wundern,
wie ich das schaffe!

Und als Geschenk
bringe ich ihm einen Ball mit.
So was ist
auf der Erde
bestimmt völlig unbekannt.

Die Zeitreise

Der kleine Dings klettert
in die Zeitmaschine.
Als Erstes stellt er
den Ort ein.
Und danach die Zeit.

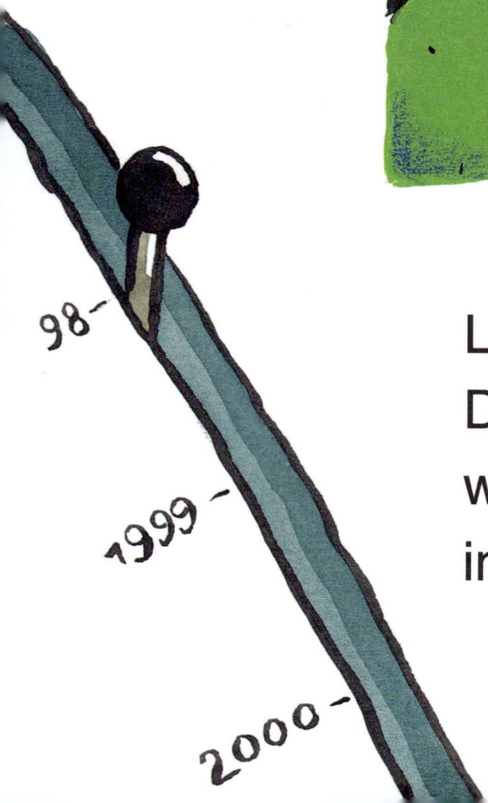

Los geht's!
Die Zeit flutscht dahin
wie ein Stück Seife
in der Badewanne.

Schon plumpst
die Zeitmaschine
auf die Hütte des Dackels.

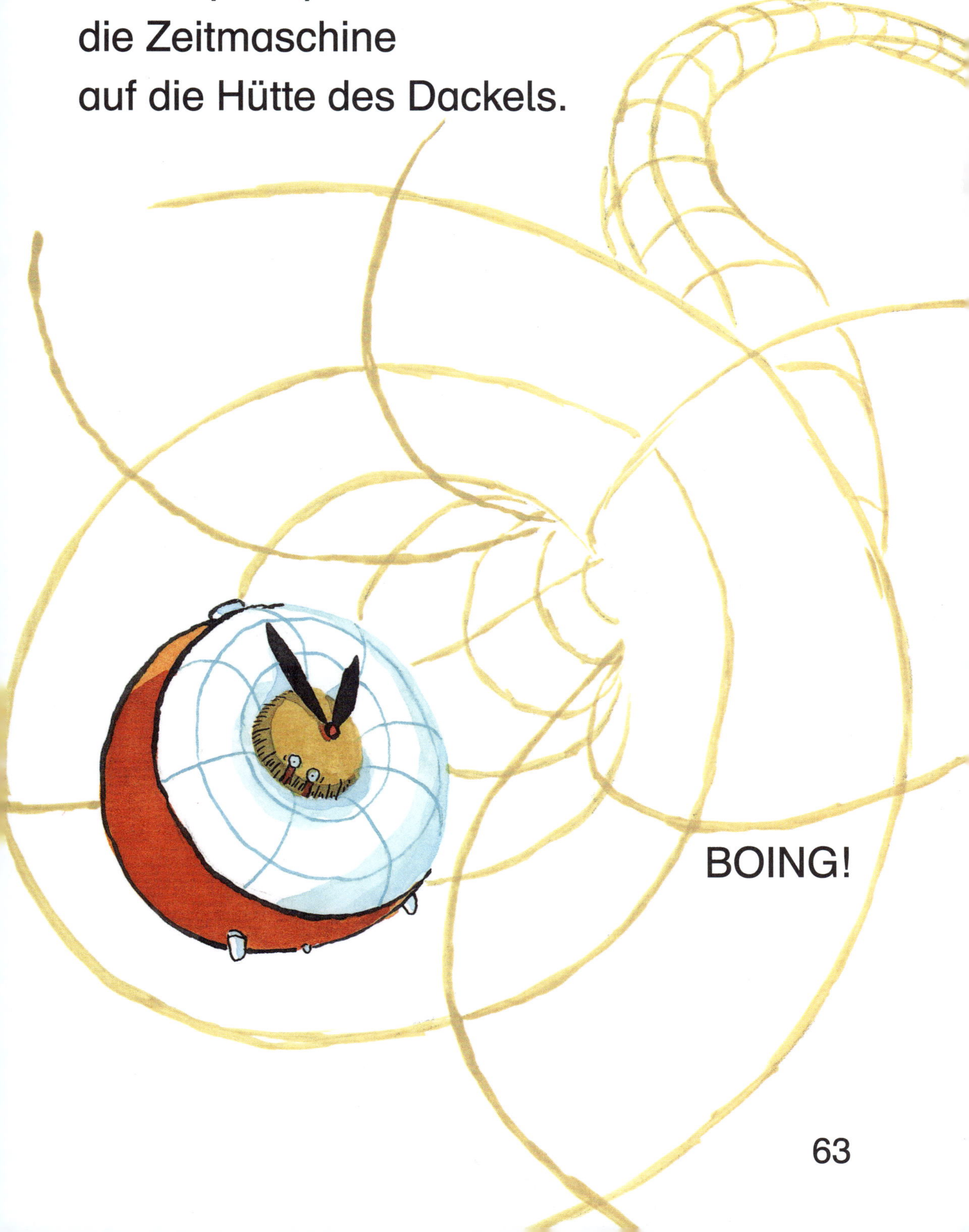

BOING!

Der kleine Dings
kann nämlich schon ganz gut
durch die Zeit reisen.
Aber noch nicht
so gut landen.
Er stößt mit
seinem dritten Ohr
gegen den Zeithebel.

PLOFF!

So ein Pech!
Im letzten Moment
landet der kleine Dings
in der Steinzeit.

Der Dackel wundert sich.
Hatte da nicht soeben
jemand angeklopft?
Seltsam, niemand da.

In der Steinzeit

Verwundert
schaut der kleine Dings
aus seiner Zeitmaschine.

Die großen
Steinzeitmenschen
bemühen sich gerade darum
Dinge zu erfinden.
Für den Fortschritt.

Und den Steinzeitkindern
macht das Ballspielen
keinen Spaß.

Der kleine Dings klettert
aus der Zeitmaschine.
Die Steinzeitmenschen
staunen ihn an.

Der kleine Dings macht
einen Handstand.
Denn das ist auf Dingsda
die übliche Begrüßung.

„Wer seid ihr?“,
fragt er.
„Menschen sehen
anders aus!
Nicht halb flauschig,
sondern ganz flauschig!“

Die Steinzeitmenschen
werfen sich
vor ihm auf den Boden.
„Seltsame Sitte!“,
ruft der kleine Dings.
„Ich kenne eine Sitte,
die ist genauso merkwürdig!
Einen Moment bitte.
Ich führe sie euch vor!“

Er holt aus der Zeitmaschine
einen Besen.
Hält ihn
an seinen Hintern
und schwenkt ihn hin und her.

„So begrüßen sich
Menschen“,
ruft der kleine Dings.

„Sie haben hinten
einen fransigen Stiel
und wackeln damit!“

Eilig brechen
die Steinzeitmenschen
Zweige von den Bäumen
und machen es
dem kleinen Dings nach.

„So ist es richtig!",
ruft der kleine Dings.
„So macht es
mein Menschenfreund!
Wo ist er eigentlich?
Ich habe ein Geschenk
für ihn!
Wollt ihr's mal sehen?"

Ein Ball für den Fortschritt

Der kleine Dings holt
den Ball aus der
Zeitmaschine.
Die Steinzeitmenschen
bekommen vor Staunen
rote Ohren.
Der kleine Dings staunt.
Ohren fast so rot
wie seine!
Allerdings hat er
eins mehr.

„Habt ihr irgendwo
ein drittes Ohr?“,
fragt er.
„Dann sind wir nämlich
verwandt!“
„UGA!“,
rufen die Steinzeitkinder.
„UGARUGA!“
Das bedeutet übersetzt:
„Bitte! Bitte, bitte!“
Sie strecken die Arme
nach dem Ball aus.

„Na gut“,
sagt der kleine Dings.
Denn er ist großzügig.
Er rollt den Kindern
den Ball zu.

Die Kinder staunen
das fremde Ding an.
Es holpert nicht!
Es rumpelt nicht!
Es pumpelt nicht!
Es rollt!

Die Kinder staunen.
Damit macht das Spielen Spaß!
Und der Fortschritt
kommt ins Rollen!

„Bei allen roten Ohren“,
ruft der kleine Dings.
„Ich soll doch spätestens
zu den Sternen-Nachrichten
wieder zu Hause sein!“

Eilig klettert er
in seine Zeitmaschine.

Zum Abschied macht er
einen Kopfstand.
Das ist auf Dingsda
so üblich.
Die Steinzeitmenschen
machen es ihm nach.
So gut sie können.

Ein Steinzeitmaler ritzt
ein Bild in seine Wohnhöhle.
Der kleine Dings ist darauf
zu sehen.
Und die Zeitmaschine.
Und der Ball.
Eine schöne Erinnerung
für die Zukunft.

Der kleine Dings flutscht
zurück durch die Zeit.
Auf dem Heimweg
denkt er darüber nach,
wen er diesmal
auf der Erde
kennengelernt hat.

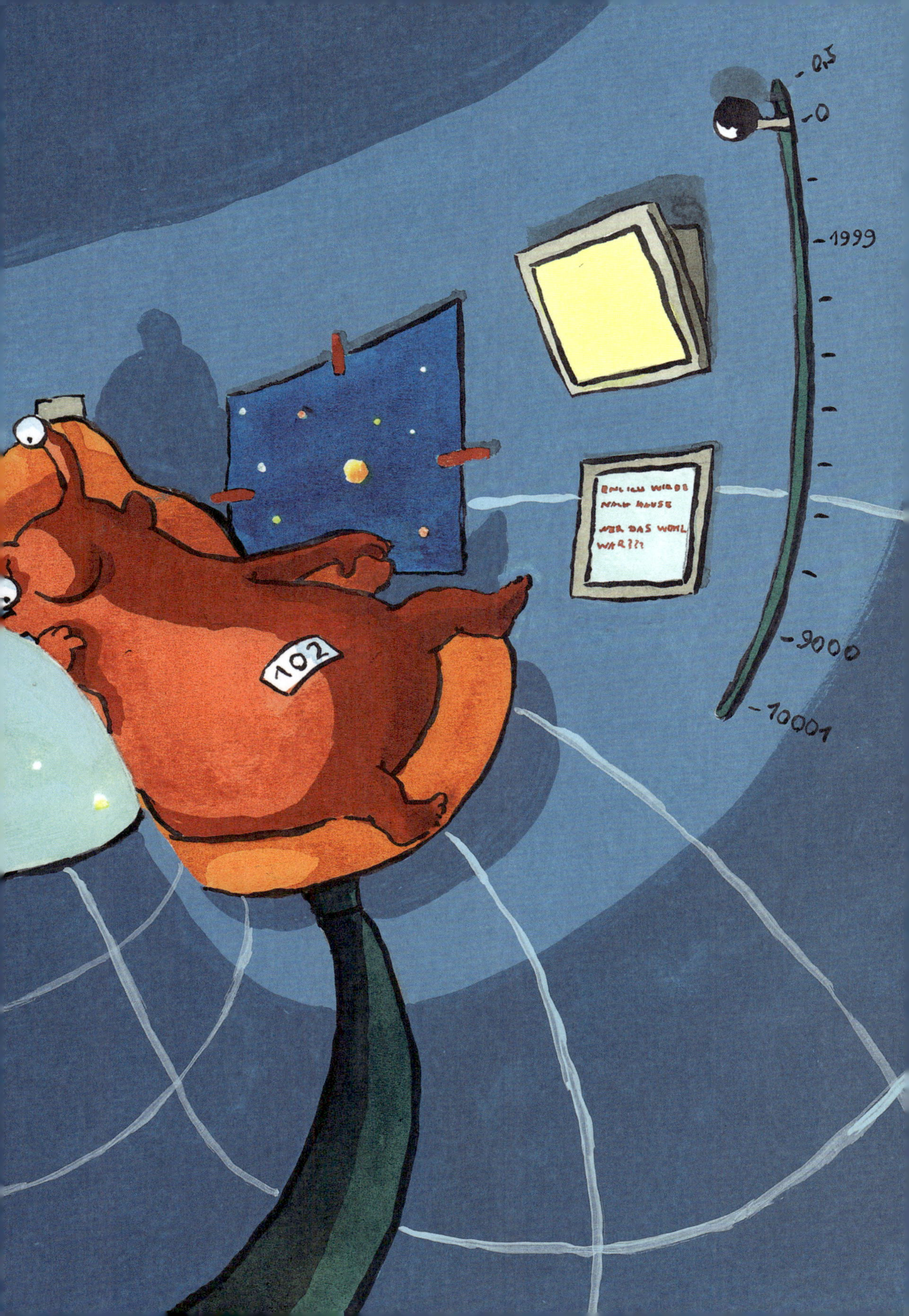
0,5
0
1999
9000
10001
DAS WOHL
WAR???
102

Cornelia Neudert

Monstergeschichten

Mit Bildern von Betina Gotzen-Beek

Monster-Arten

Es gibt Monster mit großen Zähnen.
Es gibt Monster mit langen Mähnen.
Es gibt Monster mit dicken Bäuchen,
manche grunzen, manche keuchen.

Manche brüllen, manche schmatzen,
manche sind so klein wie Spatzen.
Andere sind groß wie ein Haus,
ein Mensch ist für sie wie eine Laus.

Alle Monster mögen Krach,
und bei süßen Sahnebonbons
werden alle Monster schwach!

Der Monster-Fänger

Keiner aus dem Dorf traut sich
in den Monster-Wald.
„Der Monster-Wald ist voller Monster“,
flüstern die Leute.

Nachts knurrt und heult es
darin ganz fürchterlich.

Eines Tages kommt
ein Monster-Fänger ins Dorf.
Er heißt Moritz
und nennt sich
Monster-Moritz.

Vor einer Woche hat er beschlossen,
Monster-Fänger zu werden.

Bisher hat Monster-Moritz noch
kein Monster gefangen.
Aber das soll sich jetzt ändern.

„Ich habe gehört,
in eurem Wald gibt es Monster?“,
fragt er.
Die Leute aus dem Dorf nicken.

„Ich werde die Monster fangen!“, erklärt Moritz. Er klemmt sich seine Lanze unter den Arm und geht in den Wald.

„Wenn das mal gut geht!“, meinen die Leute und schütteln die Köpfe.

Moritz geht tief in den Wald hinein.
Monster sieht er keine.

Nicht hinter den Stämmen,
nicht auf den Bäumen,
nicht unter den Felsen
und im Waldsee
findet Moritz auch keine Monster.

Vielleicht muss ich warten,
bis es Nacht wird,
denkt Moritz.

Also setzt er sich auf einen Stein
und wartet.

Aber auch als es Nacht ist,
sieht Moritz keine Monster.

Er sieht jetzt
gar nichts mehr.
Er hat nämlich
seine Taschenlampe vergessen.

Am nächsten Morgen
verlässt Moritz den Wald.
„Keine Monster da“,
sagt er zu den Leuten im Dorf.

Aber sie glauben Moritz nicht.
Keiner von ihnen traut sich in den Wald.

So können die Monster
auch weiterhin
ungestört darin leben.

Monster-Hobby

Monster Püh
hat ein seltsames Hobby.
Es furzt gerne.
Pups! Pups! Pups!

Pups! Pups! Pups! Pups!
Igitt!
Was für ein Gestank!

Das Monster im Bad

Paul ist sicher,
dass im Abfluss im Bad
ein Monster wohnt.

Manchmal gluckst und rülpst es darin
und oft stinkt es daraus ganz ekelhaft.

„Das Monster hat gepupst“,
meint Paul dann.
„Unsinn!“, sagen seine Eltern.
„Es gibt keine Monster!“

Trotzdem legt sich Paul
auf die Lauer.

An einem Dienstagnachmittag
gegen fünf Uhr ist es so weit:
Das Monster klettert aus dem Abfluss.

Zuerst reckt sich
ein glitschiger Fangarm hervor,
dann ein zweiter, dann ein dritter …
Paul hält den Atem an.

Jetzt quetscht sich
das ganze grüne Monster
aus dem Abfluss heraus.

Vorsichtig sieht es sich um,
aber Paul ist gut versteckt.
Das Monster entdeckt ihn nicht.

Flink klettert es den Rand
der Badewanne hinauf.

Dort schnappt es sich
die Shampooflasche
und trinkt sie leer.

Anschließend rülpst es laut.
Ein paar Seifenblasen
steigen aus seinem Maul.

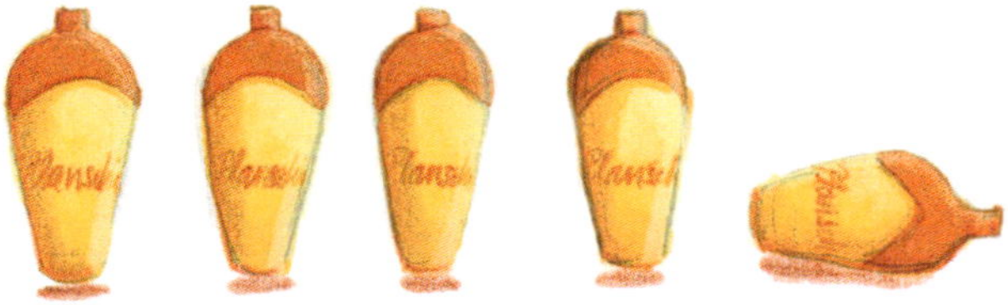

Na so was!, denkt Paul.
Deshalb ist unsere Shampooflasche
dauernd leer!
Und Mama behauptet immer,
ich würde so viel verbrauchen!

Gegen das Monster
muss Paul etwas unternehmen!

Kaum ist es wieder
im Abfluss verschwunden,
rennt Paul in die Küche.

Er holt das Ketchup und füllt es
in die leere Shampooflasche.
Dann stellt er die Flasche zurück
auf den Rand der Badewanne.

Am Mittwoch passiert nichts.
Doch am Donnerstag
kommt das Monster wieder.

Paul sieht,
wie es aus dem Abfluss kriecht.

Wieder schnappt es sich
die Shampooflasche
und schlürft sie leer.

Diesmal rülpst es nicht.
Es läuft rot an.
Knallrot.

Dann macht es das Maul auf
und brüllt: „BLÄÄÄÄÄÄÄÄ!!!!“

Es lässt die Flasche fallen
und verschwindet im Abfluss.

Seither gluckst
und rülpst es nicht mehr.
Es stinkt auch nicht mehr
und die Shampooflasche
ist viel länger voll.

Die Monster-Lehrerin

Jule sitzt in der Klasse
wie jeden Tag.
Da öffnet sich die Tür.

Herein kommt nicht Frau Tüpfler,
herein kommt ein zottiges Monster!
Es hat lila Fell
und stinkt nach Müll.

Es reißt das Maul auf,
sodass man seine spitzen Zähne sieht,
und brüllt:

„Wie viel ist rechts mal links?
Wie heißt der Kaiser von Chile?
Nenne fünf bewohnte Planeten
in unserer Galaxis!

Und wehe, ich erwische jemanden,
der seine Hausaufgaben
nicht gemacht hat!“

Jule duckt sich erschrocken.
Ihr fällt plötzlich ein,
dass sie ihre Matheaufgaben
vergessen hat.

Das Monster schnüffelt.
„Ich rieche
vergessene Hausaufgaben!“,
knurrt es.

Es dreht den Kopf
und sieht Jule an.

Was mach ich nur??
Was mach ich nur??,
denkt Jule.

Wie gelähmt sitzt sie da.
Das Monster grinst
und kommt auf sie zu.

Da wacht Jule auf.
Puh! Was für ein Glück!
Sie hat nur geträumt!

Aber eine Sache stimmt:
Sie hat
ihre Matheaufgaben vergessen!

„Oh, Jule!“, stöhnt ihre Mutter.
Aber sie hilft Jule,
die Aufgaben beim Frühstück
noch schnell zu lösen.

Später sitzt Jule
in der Klasse.

Da öffnet sich die Tür
und herein kommt
etwas Zottiges in Lila!
Wie in Jules Traum!

Und obwohl es kein Monster ist,
ist Jule doch froh,
dass sie ihre Aufgaben
gemacht hat.

Monster-Abschied

Das tun Monster gerne:
rülpsen und schlürfen,
brüllen und zischen,
knurren und springen,
tanzen und sehr laut singen.

Zum Abschied, um sich zu bedanken,
winken sie mit ihren Pranken.

Leserabe

Leserätsel

Rätsel 1 Seltsam, seltsam

Welches Wort stimmt? Kreuze an!

Oles bester Freund heißt
- ○ Jan.
- ○ Justus.
- ○ Jakob.

Der Apfel in der gelben Dose hat grüne
- ○ Hände.
- ○ Haare.
- ○ Hörner.

Ranzenmonster sind
- ○ gemütlich.
- ○ golden.
- ○ gehen.

Rätsel 2 Buchstaben heraushören

In welchen Wörtern hörst du den Buchstaben L? Kreuze an!

Ordne die Bilder den Sätzen zu!

Rätsel 3

A) Der Monster-Fänger Moritz wartet auf einem Stein.

B) Das grüne Monster klettert auf die Badewanne.

C) Das lila Monster betritt die Klasse.

1

2

3

Lösungen
Rätsel 1: Jan, Haare, geheim, **Rätsel 2:** Dackel, Ball, Planeten
Rätsel 3: 1B, 2C, 3A

Leserabe

Rabenpost

Rätsel 4

Rätsel für die Rabenpost

Fülle die Lücken aus. Trage die Buchstaben in die richtigen Kästchen ein. So findest du das Lösungswort für die Rabenpost heraus!

Am Abend sucht Mama Oles

		O			O	4	6

. (Seite 16)

Der kleine Dings möchte in der Vergangenheit seinen

	7				D

besuchen. (Seite 58)

Der kleine Dings landet im letzten

M	2	1			T

in der Steizeit.
(Seite 65)

Einige Monster sind so klein wie

S	P		5			3

. (Seite 87)

Lösungswort

1	2	3	4	5	6	7

Hast du das Lösungswort herausgefunden?
Dann kannst du jetzt tolle Preise gewinnen.

Gib das Lösungswort auf der Leserabe-Website ein oder schick es mit der Post an folgende Adresse:

An den Leseraben
Rabenpost
Postfach 2007
88190 Ravensburg
Deutschland

* Wir verwenden die Daten der Einsender nur für das Gewinnspiel und nicht für weitere Zwecke.
Alle weiteren Informationen zum Datenschutz und über unser Gewinnspiel findet ihr unter **www.leserabe.de.**

Leserabe

Lesen lernen wie im Flug!

In drei Stufen vom Lesestarter zum Leseprofi

Vor-Lesestufe
Ab Vorschule

ISBN 978-3-473-46022-9

ISBN 978-3-473-46023-6

ISBN 978-3-473-46024-3

1. Lesestufe
Ab 1. Klasse

ISBN 978-3-473-46025-0

ISBN 978-3-473-46026-7

ISBN 978-3-473-46027-4

2. Lesestufe
Ab 2. Klasse

ISBN 978-3-473-46028-1

ISBN 978-3-473-46029-8

ISBN 978-3-473-46066-3

ERZ 21 002